Guest

NAME & RELATIONSHIP TO THE PARENTS

_____

_____

ADVICE FOR THE PARENTS

_____

_____

_____

WISHES FOR THE BABY

_____

_____

MY PREDICTIONS

Date of Birth: _____

Time of Birth: _____

Weight: _____ Length: _____

Name: _____

Resemblance: ◯ Mom!   ◯ Dad!

I HOPE THE BABY GETS:

Mom's: Dad's:

_____   _____

_____   _____

Guest

NAME & RELATIONSHIP TO THE PARENTS

_____

_____

ADVICE FOR THE PARENTS

_____

_____

_____

WISHES FOR THE BABY

_____

_____

MY PREDICTIONS

Date of Birth: _____

Time of Birth: _____

Weight: _____ Length: _____

Name: _____

Resemblance: ◯ Mom! ◯ Dad!

I HOPE THE BABY GETS:

Mom's: _____ Dad's: _____

_____ _____

Guest

NAME & RELATIONSHIP TO THE PARENTS

_____

_____

ADVICE FOR THE PARENTS

_____

_____

_____

WISHES FOR THE BABY

_____

_____

MY PREDICTIONS

Date of Birth: _____

Time of Birth: _____

Weight: _____ Length: _____

Name: _____

Resemblance: ◯ Mom!   ◯ Dad!

I HOPE THE BABY GETS:

Mom's: Dad's:

_____   _____

_____   _____

Guest

NAME & RELATIONSHIP TO THE PARENTS

_____

_____

ADVICE FOR THE PARENTS

_____

_____

_____

WISHES FOR THE BABY

_____

_____

MY PREDICTIONS

Date of Birth: _____

Time of Birth: _____

Weight: _____ Length: _____

Name: _____

Resemblance: ◯ Mom!   ◯ Dad!

I HOPE THE BABY GETS:

Mom's: Dad's:

_____   _____

_____   _____

NAME & RELATIONSHIP TO THE PARENTS

_____

_____

ADVICE FOR THE PARENTS

_____

_____

_____

WISHES FOR THE BABY

_____

_____

MY PREDICTIONS

Date of Birth: _____

Time of Birth: _____

Weight: _____ Length: _____

Name: _____

Resemblance: ⃝ Mom! ⃝ Dad!

I HOPE THE BABY GETS:

Mom's: _____ Dad's: _____

_____ _____

Guest

NAME & RELATIONSHIP TO THE PARENTS

_____

_____

ADVICE FOR THE PARENTS

_____

_____

_____

WISHES FOR THE BABY

_____

_____

MY PREDICTIONS

Date of Birth: _____

Time of Birth: _____

Weight: _____ Length: _____

Name: _____

Resemblance: ◯ Mom! ◯ Dad!

I HOPE THE BABY GETS:

Mom's: Dad's:

_____   _____

_____   _____

Guest

NAME & RELATIONSHIP TO THE PARENTS

_____

_____

ADVICE FOR THE PARENTS

_____

_____

_____

WISHES FOR THE BABY

_____

_____

MY PREDICTIONS

Date of Birth: _____

Time of Birth: _____

Weight: _____ Length: _____

Name: _____

Resemblance: ○ Mom!   ○ Dad!

I HOPE THE BABY GETS:

Mom's: Dad's:

_____   _____

_____   _____

Guest

NAME & RELATIONSHIP TO THE PARENTS

_____

_____

ADVICE FOR THE PARENTS

_____

_____

_____

WISHES FOR THE BABY

_____

_____

MY PREDICTIONS

Date of Birth: _____

Time of Birth: _____

Weight: _____ Length: _____

Name: _____

Resemblance: ○ Mom! ○ Dad!

I HOPE THE BABY GETS:

Mom's: _____ Dad's: _____

_____ _____

NAME & RELATIONSHIP TO THE PARENTS

_____

_____

ADVICE FOR THE PARENTS

_____

_____

_____

WISHES FOR THE BABY

_____

_____

MY PREDICTIONS

Date of Birth: _____

Time of Birth: _____

Weight: _____ Length: _____

Name: _____

Resemblance: ◯ Mom! ◯ Dad!

I HOPE THE BABY GETS:

Mom's: Dad's:

_____   _____

_____   _____

Guest

NAME & RELATIONSHIP TO THE PARENTS

_____

_____

ADVICE FOR THE PARENTS

_____

_____

_____

WISHES FOR THE BABY

_____

_____

MY PREDICTIONS

Date of Birth: _____

Time of Birth: _____

Weight: _____ Length: _____

Name: _____

Resemblance: ◯ Mom!   ◯ Dad!

I HOPE THE BABY GETS:

Mom's: Dad's:

_____   _____

_____   _____

NAME & RELATIONSHIP TO THE PARENTS

_____

_____

ADVICE FOR THE PARENTS

_____

_____

_____

WISHES FOR THE BABY

_____

_____

MY PREDICTIONS

Date of Birth: _____

Time of Birth: _____

Weight: _____ Length: _____

Name: _____

Resemblance: ◯ Mom! ◯ Dad!

I HOPE THE BABY GETS:

Mom's: Dad's:

_____   _____

_____   _____

NAME & RELATIONSHIP TO THE PARENTS

_____

_____

ADVICE FOR THE PARENTS

_____

_____

_____

WISHES FOR THE BABY

_____

_____

MY PREDICTIONS

Date of Birth: _____

Time of Birth: _____

Weight: _____ Length: _____

Name: _____

Resemblance: ◯ Mom! ◯ Dad!

I HOPE THE BABY GETS:

Mom's: Dad's:

_____   _____

_____   _____

Guest

NAME & RELATIONSHIP TO THE PARENTS

_____

_____

ADVICE FOR THE PARENTS

_____

_____

_____

WISHES FOR THE BABY

_____

_____

MY PREDICTIONS

Date of Birth: _____

Time of Birth: _____

Weight: _____ Length: _____

Name: _____

Resemblance: ◯ Mom! ◯ Dad!

I HOPE THE BABY GETS:

Mom's:

_____

_____

Dad's:

_____

_____

NAME & RELATIONSHIP TO THE PARENTS

_____

_____

ADVICE FOR THE PARENTS

_____

_____

_____

WISHES FOR THE BABY

_____

_____

MY PREDICTIONS

Date of Birth: _____

Time of Birth: _____

Weight: _____ Length: _____

Name: _____

Resemblance: ◯ Mom!   ◯ Dad!

I HOPE THE BABY GETS:

Mom's: Dad's:

_____   _____

_____   _____

Guest

NAME & RELATIONSHIP TO THE PARENTS

_____

_____

ADVICE FOR THE PARENTS

_____

_____

_____

WISHES FOR THE BABY

_____

_____

MY PREDICTIONS

Date of Birth: _____

Time of Birth: _____

Weight: _____ Length: _____

Name: _____

Resemblance: ◯ Mom! ◯ Dad!

I HOPE THE BABY GETS:

Mom's: _____ Dad's: _____

_____ _____

Guest

NAME & RELATIONSHIP TO THE PARENTS

_____

_____

ADVICE FOR THE PARENTS

_____

_____

_____

WISHES FOR THE BABY

_____

_____

MY PREDICTIONS

Date of Birth: _____

Time of Birth: _____

Weight: _____ Length: _____

Name: _____

Resemblance: ○ Mom! ○ Dad!

I HOPE THE BABY GETS:

Mom's: Dad's:

_____   _____

_____   _____

NAME & RELATIONSHIP TO THE PARENTS

_____

_____

ADVICE FOR THE PARENTS

_____

_____

_____

WISHES FOR THE BABY

_____

_____

MY PREDICTIONS

Date of Birth: _____

Time of Birth: _____

Weight: _____ Length: _____

Name: _____

Resemblance: ◯ Mom!   ◯ Dad!

I HOPE THE BABY GETS:

Mom's: Dad's:

_____   _____

_____   _____

NAME & RELATIONSHIP TO THE PARENTS

_____

_____

ADVICE FOR THE PARENTS

_____

_____

_____

WISHES FOR THE BABY

_____

_____

MY PREDICTIONS

Date of Birth: _____

Time of Birth: _____

Weight: _____ Length: _____

Name: _____

Resemblance: ○ Mom!   ○ Dad!

I HOPE THE BABY GETS:

Mom's: Dad's:

_____   _____

_____   _____

Guest

NAME & RELATIONSHIP TO THE PARENTS

_____

_____

ADVICE FOR THE PARENTS

_____

_____

_____

WISHES FOR THE BABY

_____

_____

MY PREDICTIONS

Date of Birth: _____

Time of Birth: _____

Weight: _____ Length: _____

Name: _____

Resemblance: ◯ Mom! ◯ Dad!

I HOPE THE BABY GETS:

Mom's: _____

_____

Dad's: _____

_____

NAME & RELATIONSHIP TO THE PARENTS

_____

_____

ADVICE FOR THE PARENTS

_____

_____

_____

WISHES FOR THE BABY

_____

_____

MY PREDICTIONS

Date of Birth: _____

Time of Birth: _____

Weight: _____ Length: _____

Name: _____

Resemblance: ○ Mom! ○ Dad!

I HOPE THE BABY GETS:

Mom's: Dad's:

_____   _____

_____   _____

Guest

NAME & RELATIONSHIP TO THE PARENTS

_____

_____

ADVICE FOR THE PARENTS

_____

_____

_____

WISHES FOR THE BABY

_____

_____

MY PREDICTIONS

Date of Birth: _____

Time of Birth: _____

Weight: _____ Length: _____

Name: _____

Resemblance: ○ Mom!   ○ Dad!

I HOPE THE BABY GETS:

Mom's: Dad's:

_____   _____

_____   _____

Guest

NAME & RELATIONSHIP TO THE PARENTS

_____

_____

ADVICE FOR THE PARENTS

_____

_____

_____

WISHES FOR THE BABY

_____

_____

MY PREDICTIONS

Date of Birth: _____

Time of Birth: _____

Weight: _____ Length: _____

Name: _____

Resemblance: ◯ Mom!   ◯ Dad!

I HOPE THE BABY GETS:

Mom's: _____   Dad's: _____

_____   _____

Guest

NAME & RELATIONSHIP TO THE PARENTS

_____

_____

ADVICE FOR THE PARENTS

_____

_____

_____

WISHES FOR THE BABY

_____

_____

MY PREDICTIONS

Date of Birth: _____

Time of Birth: _____

Weight: _____ Length: _____

Name: _____

Resemblance: ⭕ Mom! ⭕ Dad!

I HOPE THE BABY GETS:

Mom's: _____ Dad's: _____

_____ _____

NAME & RELATIONSHIP TO THE PARENTS

_____

_____

ADVICE FOR THE PARENTS

_____

_____

_____

WISHES FOR THE BABY

_____

_____

MY PREDICTIONS

Date of Birth: _____

Time of Birth: _____

Weight: _____ Length: _____

Name: _____

Resemblance: ⃝ Mom! ⃝ Dad!

I HOPE THE BABY GETS:

Mom's:

_____

_____

Dad's:

_____

_____

Guest

NAME & RELATIONSHIP TO THE PARENTS

_____

_____

ADVICE FOR THE PARENTS

_____

_____

_____

WISHES FOR THE BABY

_____

_____

MY PREDICTIONS

Date of Birth: _____

Time of Birth: _____

Weight: _____ Length: _____

Name: _____

Resemblance: ◯ Mom! ◯ Dad!

I HOPE THE BABY GETS:

Mom's: Dad's:

_____   _____

_____   _____

Guest

NAME & RELATIONSHIP TO THE PARENTS

_____

_____

ADVICE FOR THE PARENTS

_____

_____

_____

WISHES FOR THE BABY

_____

_____

MY PREDICTIONS

Date of Birth: _____

Time of Birth: _____

Weight: _____ Length: _____

Name: _____

Resemblance: ○ Mom!   ○ Dad!

I HOPE THE BABY GETS:

Mom's: Dad's:

_____   _____

_____   _____

NAME & RELATIONSHIP TO THE PARENTS

_____

_____

ADVICE FOR THE PARENTS

_____

_____

_____

WISHES FOR THE BABY

_____

_____

MY PREDICTIONS

Date of Birth: _____

Time of Birth: _____

Weight: _____ Length: _____

Name: _____

Resemblance: ◯ Mom! ◯ Dad!

I HOPE THE BABY GETS:

Mom's:

_____

_____

Dad's:

_____

_____

Guest

NAME & RELATIONSHIP TO THE PARENTS

_____

_____

ADVICE FOR THE PARENTS

_____

_____

_____

WISHES FOR THE BABY

_____

_____

MY PREDICTIONS

Date of Birth: _____

Time of Birth: _____

Weight: _____ Length: _____

Name: _____

Resemblance: ◯ Mom!   ◯ Dad!

I HOPE THE BABY GETS:

Mom's: Dad's:

_____   _____

_____   _____

Guest

NAME & RELATIONSHIP TO THE PARENTS

_____

_____

ADVICE FOR THE PARENTS

_____

_____

_____

WISHES FOR THE BABY

_____

_____

MY PREDICTIONS

Date of Birth: _____

Time of Birth: _____

Weight: _____ Length: _____

Name: _____

Resemblance: ⚪ Mom! ⚪ Dad!

I HOPE THE BABY GETS:

Mom's: Dad's:

_____   _____

_____   _____

Guest

NAME & RELATIONSHIP TO THE PARENTS

_____

_____

ADVICE FOR THE PARENTS

_____

_____

_____

WISHES FOR THE BABY

_____

_____

MY PREDICTIONS

Date of Birth: _____

Time of Birth: _____

Weight: _____ Length: _____

Name: _____

Resemblance: ○ Mom! ○ Dad!

I HOPE THE BABY GETS:

Mom's: Dad's:

_____   _____

_____   _____

NAME & RELATIONSHIP TO THE PARENTS

_____

_____

ADVICE FOR THE PARENTS

_____

_____

_____

WISHES FOR THE BABY

_____

_____

MY PREDICTIONS

Date of Birth: _____

Time of Birth: _____

Weight: _____ Length: _____

Name: _____

Resemblance: ⭘ Mom! ⭘ Dad!

I HOPE THE BABY GETS:

Mom's: Dad's:

_____   _____

_____   _____

NAME & RELATIONSHIP TO THE PARENTS

_____

_____

ADVICE FOR THE PARENTS

_____

_____

_____

WISHES FOR THE BABY

_____

_____

MY PREDICTIONS

Date of Birth: _____

Time of Birth: _____

Weight: _____ Length: _____

Name: _____

Resemblance: ◯ Mom! ◯ Dad!

I HOPE THE BABY GETS:

Mom's:

_____

_____

Dad's:

_____

_____

Guest

NAME & RELATIONSHIP TO THE PARENTS

_____

_____

ADVICE FOR THE PARENTS

_____

_____

_____

WISHES FOR THE BABY

_____

_____

MY PREDICTIONS

Date of Birth: _____

Time of Birth: _____

Weight: _____ Length: _____

Name: _____

Resemblance: ◯ Mom! ◯ Dad!

I HOPE THE BABY GETS:

Mom's: Dad's:

_____   _____

_____   _____

NAME & RELATIONSHIP TO THE PARENTS

_____

_____

ADVICE FOR THE PARENTS

_____

_____

_____

WISHES FOR THE BABY

_____

_____

MY PREDICTIONS

Date of Birth: _____

Time of Birth: _____

Weight: _____ Length: _____

Name: _____

Resemblance: ⚪ Mom! ⚪ Dad!

I HOPE THE BABY GETS:

Mom's: _____

Dad's: _____

_____

Guest

NAME & RELATIONSHIP TO THE PARENTS

_____

_____

ADVICE FOR THE PARENTS

_____

_____

_____

WISHES FOR THE BABY

_____

_____

MY PREDICTIONS

Date of Birth: _____

Time of Birth: _____

Weight: _____ Length: _____

Name: _____

Resemblance: ○ Mom!   ○ Dad!

I HOPE THE BABY GETS:

Mom's: Dad's:

_____   _____

_____   _____

Guest

NAME & RELATIONSHIP TO THE PARENTS

_____

_____

ADVICE FOR THE PARENTS

_____

_____

_____

WISHES FOR THE BABY

_____

_____

MY PREDICTIONS

Date of Birth: _____

Time of Birth: _____

Weight: _____ Length: _____

Name: _____

Resemblance: ○ Mom! ○ Dad!

I HOPE THE BABY GETS:

Mom's: Dad's:

_____   _____

_____   _____

Guest

NAME & RELATIONSHIP TO THE PARENTS

_____

_____

ADVICE FOR THE PARENTS

_____

_____

_____

WISHES FOR THE BABY

_____

_____

MY PREDICTIONS

Date of Birth: _____

Time of Birth: _____

Weight: _____ Length: _____

Name: _____

Resemblance: ⭘ Mom! ⭘ Dad!

I HOPE THE BABY GETS:

Mom's: Dad's:

_____   _____

_____   _____

Guest

NAME & RELATIONSHIP TO THE PARENTS

_____

_____

ADVICE FOR THE PARENTS

_____

_____

_____

WISHES FOR THE BABY

_____

_____

MY PREDICTIONS

Date of Birth: _____

Time of Birth: _____

Weight: _____ Length: _____

Name: _____

Resemblance: ⊙ Mom! ⊙ Dad!

I HOPE THE BABY GETS:

Mom's: Dad's:

_____   _____

_____   _____

Guest

NAME & RELATIONSHIP TO THE PARENTS

_____

_____

ADVICE FOR THE PARENTS

_____

_____

_____

WISHES FOR THE BABY

_____

_____

MY PREDICTIONS

Date of Birth: _____

Time of Birth: _____

Weight: _____ Length: _____

Name: _____

Resemblance: ◯ Mom! ◯ Dad!

I HOPE THE BABY GETS:

Mom's: _____ Dad's: _____

_____ _____

Guest

NAME & RELATIONSHIP TO THE PARENTS

_____

_____

ADVICE FOR THE PARENTS

_____

_____

_____

WISHES FOR THE BABY

_____

_____

MY PREDICTIONS

Date of Birth: _____

Time of Birth: _____

Weight: _____ Length: _____

Name: _____

Resemblance: ◯ Mom!   ◯ Dad!

I HOPE THE BABY GETS:

Mom's: Dad's:

_____   _____

_____   _____

Guest

NAME & RELATIONSHIP TO THE PARENTS

_____

_____

ADVICE FOR THE PARENTS

_____

_____

_____

WISHES FOR THE BABY

_____

_____

MY PREDICTIONS

Date of Birth: _____

Time of Birth: _____

Weight: _____ Length: _____

Name: _____

Resemblance: ◯ Mom!   ◯ Dad!

I HOPE THE BABY GETS:

Mom's: _____   Dad's: _____

_____   _____

NAME & RELATIONSHIP TO THE PARENTS

_____

_____

ADVICE FOR THE PARENTS

_____

_____

_____

WISHES FOR THE BABY

_____

_____

MY PREDICTIONS

Date of Birth: _____

Time of Birth: _____

Weight: _____ Length: _____

Name: _____

Resemblance: ◯ Mom! ◯ Dad!

I HOPE THE BABY GETS:

Mom's: _____   Dad's: _____

_____   _____

Guest

NAME & RELATIONSHIP TO THE PARENTS

_____

_____

ADVICE FOR THE PARENTS

_____

_____

_____

WISHES FOR THE BABY

_____

_____

MY PREDICTIONS

Date of Birth: _____

Time of Birth: _____

Weight: _____ Length: _____

Name: _____

Resemblance: ○ Mom! ○ Dad!

I HOPE THE BABY GETS:

Mom's: Dad's:

_____   _____

_____   _____

Guest

NAME & RELATIONSHIP TO THE PARENTS

_____

_____

ADVICE FOR THE PARENTS

_____

_____

_____

WISHES FOR THE BABY

_____

_____

MY PREDICTIONS

Date of Birth: _____

Time of Birth: _____

Weight: _____ Length: _____

Name: _____

Resemblance: ○ Mom!   ○ Dad!

I HOPE THE BABY GETS:

Mom's: Dad's:

_____   _____

_____   _____

Guest

NAME & RELATIONSHIP TO THE PARENTS

_____

_____

ADVICE FOR THE PARENTS

_____

_____

_____

WISHES FOR THE BABY

_____

_____

MY PREDICTIONS

Date of Birth: _____

Time of Birth: _____

Weight: _____ Length: _____

Name: _____

Resemblance: ○ Mom! ○ Dad!

I HOPE THE BABY GETS:

Mom's: Dad's:

_____   _____

_____   _____

NAME & RELATIONSHIP TO THE PARENTS

_____

_____

ADVICE FOR THE PARENTS

_____

_____

_____

WISHES FOR THE BABY

_____

_____

MY PREDICTIONS

Date of Birth: _____

Time of Birth: _____

Weight: _____ Length: _____

Name: _____

Resemblance: ○ Mom!   ○ Dad!

I HOPE THE BABY GETS:

Mom's: Dad's:

_____   _____

_____   _____

Guest

NAME & RELATIONSHIP TO THE PARENTS

_____

_____

ADVICE FOR THE PARENTS

_____

_____

_____

WISHES FOR THE BABY

_____

_____

MY PREDICTIONS

Date of Birth: _____

Time of Birth: _____

Weight: _____ Length: _____

Name: _____

Resemblance: ◯ Mom! ◯ Dad!

I HOPE THE BABY GETS:

Mom's: Dad's:

_____   _____

_____   _____

Guest

NAME & RELATIONSHIP TO THE PARENTS

_____

_____

ADVICE FOR THE PARENTS

_____

_____

_____

WISHES FOR THE BABY

_____

_____

MY PREDICTIONS

Date of Birth: _____

Time of Birth: _____

Weight: _____ Length: _____

Name: _____

Resemblance: ○ Mom! ○ Dad!

I HOPE THE BABY GETS:

Mom's: Dad's:

_____   _____

_____   _____

Guest

NAME & RELATIONSHIP TO THE PARENTS

_____

_____

ADVICE FOR THE PARENTS

_____

_____

_____

WISHES FOR THE BABY

_____

_____

MY PREDICTIONS

Date of Birth: _____

Time of Birth: _____

Weight: _____ Length: _____

Name: _____

Resemblance: ◯ Mom! ◯ Dad!

I HOPE THE BABY GETS:

Mom's: Dad's:

_____   _____

_____   _____

NAME & RELATIONSHIP TO THE PARENTS

_____

_____

ADVICE FOR THE PARENTS

_____

_____

_____

WISHES FOR THE BABY

_____

_____

MY PREDICTIONS

Date of Birth: _____

Time of Birth: _____

Weight: _____ Length: _____

Name: _____

Resemblance: ○ Mom!   ○ Dad!

I HOPE THE BABY GETS:

Mom's: _____   Dad's: _____

_____   _____

Attach Keepsakes and Pictures

★ GIFT LOG ★

★ GIFT LOG ★

GIFT RECEIVED	GIVEN BY

★ GIFT LOG ★

GIFT RECEIVED	GIVEN BY
_____	_____
_____	_____
_____	_____
_____	_____
_____	_____
_____	_____
_____	_____
_____	_____
_____	_____
_____	_____

★ GIFT LOG ★

GIFT RECEIVED   GIVEN BY

_____   _____

_____   _____

_____   _____

_____   _____

_____   _____

_____   _____

_____   _____

_____   _____

_____   _____

★ GIFT LOG ★

GIFT RECEIVED	GIVEN BY

★ GIFT LOG ★

GIFT RECEIVED	GIVEN BY

★ GIFT LOG ★

GIFT RECEIVED	GIVEN BY
_____	_____
_____	_____
_____	_____
_____	_____
_____	_____
_____	_____
_____	_____
_____	_____
_____	_____
_____	_____

★ GIFT LOG ★

GIFT RECEIVED	GIVEN BY

★ GIFT LOG ★

GIFT RECEIVED	GIVEN BY

★ GIFT LOG ★

GIFT RECEIVED	GIVEN BY

GIFT RECEIVED

GIVEN BY

_____   _____

_____   _____

_____   _____

_____   _____

_____   _____

_____   _____

_____   _____

_____   _____

_____   _____

_____   _____

Made in the USA
Coppell, TX
01 July 2022

79471748R00070